Reise durch den

SCHWARZWALD

Bilder von
Martin Schulte-Kellinghaus
und Erich Spiegelhalter

Texte von
Annette Meisen

Stürtz

Erste Seite:
In Gutach ist ein Kleidungsstück zuhause, das in aller Welt als Symbol des Schwarzwalds gilt: der Bollenhut mit den dicken Kugeln aus Wolle. Rot für die Mädchen, schwarz für die verheirateten Frauen.

Vorherige Seite:
Ein alter Bauernhof in Gschwend, einem malerischen Schwarzwalddorf im Wiesental. Viele Höfe in der Region sind schon mehrere hundert Jahre alt.

Unten:
Zeit für ein bisschen Gemütlichkeit. Bauernstube mit typischem Südfenster in der Hotzenwaldgemeinde Ibach.

Seite 10/11: *Den Reiz des Bernauer Hochtals hat man schon lange entdeckt. So schrieb schon Hans Thoma, der 1839 in Bernau im Schwarzwald geborene große deutsche Maler, über sein Heimatdorf: »Da vergesse ich alle Sorgen und der Friede der Natur umschließt auch meine Seele.«*

Inhalt

Neben modernen Mäh- und Erntemaschinen wird im Schwarzwald, wie hier in Alpersbach bei Hinterzarten, noch oft auf Handarbeit gesetzt.

Beim Stichwort »Schwarzwald« werden spontan die beliebtesten Klischees assoziiert: der dichte Tann, die schmucken Schwarzwaldhäuser, die berühmte Schwarzwälder Torte, der Bollenhut und das »Schwarzwaldmädel«. Leon Jessel hat mit seiner bekanntesten Operette volkstümlichen Humor und Liebreiz zu einem Erfolgsrezept gemixt. In dieser Geschichte geht es natürlich um die Liebe, aber auch um die Gegensätze von Stadt und Land, von Hektik und Ruhe, von Ehrgeiz und Bescheidenheit, kurzum, um alles, was noch heute serienfähig ist. Verfilmt wurde die Schwarzwald-Idylle 1950 mit Sonja Ziemann als Bärbele und Rudolf Prack in der Rolle des Berliner Wandermusikanten Hans. In einem kleinen Schwarzwalddorf lernt der Großstädter die junge Hausangestellte des Dorfkapellmeisters kennen und lieben. Die idyllische Schwarzwaldkulisse fungiert als Katalysator und so nimmt das Geschehen trotz aller Wirrungen seinen gewünschten Lauf zum Happy End. Seither ist der Schwarzwald immer wieder beliebte Film- und Fernsehkulisse. Wer kennt nicht Dr. Brinkmanns »Schwarzwaldklinik« oder »Die Fallers«?

Doch die Idylle taugte auch schon für andere Kunst: Hans Thoma (1839–1924), einer der bekanntesten Maler Deutschlands im ausgehenden 19. Jahrhundert, ist im Schwarzwälder Bilderbuchdorf Bernau geboren und aufgewachsen. Unbeirrt von allen Kunstströmungen der Zeit ging Thoma »seinen Weg«, obwohl er mit der impressionistischen Malerei in Berührung gekommen war. Der Erfolg blieb dem Schwarzwälder, der sich seine naturalistische Sicht auf die Landschaft seiner Kindheit und Jugend zeitlebens bewahrt hatte, lange verwehrt. 1899 wurde Thoma schließlich zum Direktor der Gemäldegalerie und Professor für Landschaftsmalerei an der Großherzoglichen Kunstschule Karlsruhe berufen. Er starb 1924 in Karlsruhe, berühmt, aber nicht unumstritten. In seiner Jugend verdiente er sich übrigens sein Geld mit dem Bemalen von Uhrenschildern.

Ein anderer berühmter Schwarzwälder musste sich in seiner Jugend ebenfalls in der Uhrmacherei sein Brot verdienen. Am 2. Juli 1877 wurde Hermann Hesse in Calw geboren. Er wuchs in der Stadt im nordöstlichen Schwarzwald auf. Dem Evangelisch-Theologischen Seminar im früheren Kloster Maulbronn entzog er sich 1892 durch Flucht und schlug sich einige Jahre mit Handwerk durch, unter anderem in einer Calwer Turmuhrenwerkstatt. Die strenge Reglementierung durch die pietistische Erziehung und vielleicht der unabänderliche Lauf der Räderwerke inspirierten ihn später zu dem autobiografisch gefärbten Roman »Unterm Rad« (1906). Den Weltruf Hesses begründete dann 1927 »Der Steppenwolf«.

Johann Peter Hebel (1760–1826) war ein weiterer dichterisch Schaffender im Schwarzwald. Seine originellen Kalendergeschichten sind noch heute ein Vergnügen. Hebels große Liebe galt dem südlichen Schwarzwald, wo er eine glückliche Kindheit verlebt hatte. In den »Alemannischen Gedichten«, die 1803 erschienen, beschreibt er mit liebevoller Genauigkeit Menschen und Natur seiner Heimat in einer »Sprache, die nach Bauernbrot und Landluft schmeckt«, wie Ernst Bloch fand. Das Alemannische wurde literaturfähig. Eine bemerkenswerte Leistung, wo diese Sprache doch Bevölkerungsgruppen aus den unterschiedlichsten Staatsgebilden zwischen Liechtenstein, Schweiz, Oberrhein, Schwarzwald, Schwaben und dem südlichen Elsass eigen und damit auch ein Politikum ist. Alemannen sind sie alle, die Württemberger im Norden und Osten des Schwarzwaldes, die Badener im Westen und Süden, außerhalb des Schwarzwaldes die Westbayern, Tiroler und teilweise die deutschsprachigen Schweizer und Südelsässer. Die Mundart-Grenze liegt heute an der Murg, etwa 30 Kilometer südlich von Karlsruhe, und zieht sich von dort über Heilbronn bis zum Ries. Die Ostgrenze wird vor allem durch den Lech (zwischen der Schweiz und Österreich) gebildet.

Ein zähes Völkchen

Die Alemannen, ursprünglich »Nordlichter«, zog es im 3. Jahrhundert in den Süden. Sie siedelten sich an den Schwarzwaldrändern an, nachdem sie die Römer vertrieben hatten. Zweihundert Jahre später mussten sie sich der Herrschaft der herandrängenden Franken ergeben, konnten aber ihre Siedlungen halten. Unter den Franken, die das Christentum angenommen hatten, wurde der Schwarzwald missioniert. Mönche aus Irland und Schottland rodeten Waldstücke und gründeten selbst in den einsamsten Waldgebieten Klöster. Im Laufe der Zeit entwickelten sich diese zu geistigen

Im Südschwarzwald beherrscht der 1493 Meter hohe Feldberg den Blick – die höchste Erhebung des Schwarzwaldes. Als 1891 der französische Diplomat Pilet als erster »Schneeschuhläufer« am Feldberg auftauchte, war der Siegeszug des Skisports im Schwarzwald nicht mehr aufzuhalten.

Zentren, die miteinander in Verbindung standen. Um das neunte Jahrhundert herum war der Schwarzwald nahezu erschlossen. Im Mittelalter etablierten sich mächtige Adelsgeschlechter im Schwarzwald. Die Zähringer gründeten 1120 die Stadt Freiburg, später Offenburg und Villingen. Während die Adelsfamilien ihre Macht auszubauen wussten, fristeten die Bauern im Schatten der Burgen und Klöster ihr karges Dasein. Ende des 15. Jahrhunderts schlossen sich die aufgebrachten Schwarzwaldbauern dem Bundschuh, einer revolutionären Bewegung, an. Es kam zu Aufständen, die jedoch blutig niedergeschlagen wurden. Die Reformation brachte neue Unruhen für die Bevölkerung, die sich dem Glauben ihres jeweiligen Herrschers anschließen musste. Der Dreißigjährige Krieg, der von kaiserlichen, bayerischen, französischen und später sogar von schwedischen Truppen mit unvorstellbarer Grausamkeit geführt wurde, verschonte den Schwarzwald nicht. Nur in den unwegsamen Waldgebieten war die Bevölkerung halbwegs sicher.
Einen bescheidenen Aufschwung erlebte der Schwarzwald im 17. Jahrhundert. Die Waldwirtschaft wird erstmals systematisiert: Waldbauern, Köhler, Flößer, Textil-, Glas- und Uhrenmanufakturen nutzen den Wald als Erwerbsgrundlage. Mit der Napoleonischen Gebietsreform (1805/06) wird die Teilung der Schwarzwaldbevölkerung in Schwaben und Badener manifestiert. Ab 1806 regiert in Baden ein Großherzog, in Württemberg ab 1805 ein König. Goldene Zeiten brechen dennoch nicht an. Es folgen die Hungersnot von 1815, die vergebliche Badische Revolution von 1848/49 und der Krieg gegen Frankreich 1870/71. Erst nach dem Zweiten Weltkrieg entsteht durch Volksentscheid das geeinte »Ländle« Baden-Württemberg (1952).

Narrenkleid und Bollenhut

Was alle Schwarzwälder zu allen Zeiten und unter jeder Herrschaft vereint, ist die Fünfte Jahreszeit, die Fasnet. Trotz ihrer unterschiedlichen lokalen Ausprägungen ist den Narren eines gemeinsam: Man feiert Fasnet und nicht Fasching oder Karneval. Und jeder, der einmal das wilde Treiben der dämonischen Gestalten

in Elzach oder Rottweil erlebt hat, kann sich gut vorstellen, dass sich die Bewohner des schwarzen Waldes jedes Jahr aufs Neue von dem weißen Joch des langen Winters befreien können.

Genauso viel Sorgfalt wie für das »Häs«, das phantasievolle Fasnachtskostüm, verwenden die Schwarzwälder für ihre Trachten. Heute werden sie meist zu Trachtenfesten und Prozessionen getragen. Manche Besucherin, die sich spontan in so eine Markgräfler oder Gutacher Tracht verliebte, musste feststellen, dass es sich hier um »Haute Couture« handelt, für die man einen ordentlichen Batzen hinblättern muss. Weltbekannt sind die leuchtend roten Bollenhüte aus dem Gutachtal als Werbeträger für die Ferienregion Schwarzwald. An der Markgräfler Tracht fallen die großen Flügelhauben auf, die »Chappe«, riesige Schleifen mit langen Seidenfransen an den Seiten. Auf den Höhen von St. Märgen und St. Peter tragen die Frauen eine Bänderkappe – auch zum Schutz der Ohren im Winter – oder mit weißem oder schwarzem Samt überzogene Strohhüte. Der Schäppel oder die Schappelkrone mit den flirrenden Spiegelchen, Glasblumen und Glasperlen ist eine Abbildung der Krone der Himmelskönigin Maria und daher nur »Jungfrauen« vorbehalten. Als Kopfschmuck der Hochzeitstracht und bei der Kommunion hat sich der Schäppel über den gesamten Mittel- und Südschwarzwald als Bestandteil der Mädchentracht lange erhalten.

Aus einem besonderen Holz geschnitzt

Die langen Winter wussten die Schwarzwälder fleißig zu nutzen. Ganze Familien arbeiteten als Schnitzer oder »Schnefler«. Allerlei Hausrat und vor allem ein Vorrat an Schindeln für die großen Walmdächer der Schwarzwaldhäuser wurde dann in Heimarbeit hergestellt. Aus dieser Tradition entstand im 17. Jahrhundert ein ganz neues Handwerk: die Uhrenherstellung, die den Schwarzwaldbauern über lange Zeit einen willkommenen Zusatzverdienst bescherte und sich schließlich zur eigenständigen Industrie entwickelte. Die Gehäuse und anfänglich auch das Uhrwerk wurden von Hand aus Holz geschnitzt. Zum Exportschlager entwickelte sich die Kuckucksuhr. Kitsch oder Kunst – die »Schwarzwälder Zeitmaschine« tickt überall auf der Welt. Oft genug dient die Uhr in der Form des badischen Eisenbahnwärterhäuschens als Vorlage für Imitationen. Man sollte also genau hinsehen. Mit einer echten Kuckucksuhr erwirbt man immerhin ein Stück Schwarzwälder Geschichte. Die Uhr mit dem Kuckuck, der die Stunden ausruft, wurde 1737 von Franz Ketterer in Schönwald, nördlich von Furtwangen erfun-

Trachten gibt es viele im Schwarzwald – nicht nur die mit dem Bollenhut. Unterschieden werden sie zuerst nach den verschiedenen Kopfbedeckungen wie Hauben, Kappen und Hüte. Hier trägt schon der Nachwuchs Tracht in Titisee-Neustadt.

den. Die »Deutsche Uhrenstraße« führt durch die eindrucksvollen Landschaften des Schwarzwaldes und der Baar. Auf dem Weg warten außer Museen etliche Uhrenfabriken, Uhrmacherwerkstätten und Ateliers von Schildermalern auf den Besucher.

Ein anderer Themenweg, der Glasträgerweg, lässt sich in gut acht Tagen von Todtnau-Aftersteg über den Feldberg, Schluchsee, St. Blasien, Bernau und den Hotzenwald nach Laufenburg am Hochrhein erwandern. Im ausgehenden 16. Jahrhundert begann im Raum Schluchsee das Glashüttengewerbe. Damals sah der Wald noch ganz anders aus: Buchen, ideal zur Pottaschegewinnung, und quarzreicher Granit waren die natürlichen Voraussetzungen für die Glasherstellung. 300 Jahre lang arbeiteten die Glashütten. Das Ende der Glasbläserei war zunächst auch das Ende des Waldes. Zurück blieb eine Landschaft mit großen Kahlflächen, auf der bald die schnell wachsenden Fichten wurzelten und dem Schwarzwald sein heute typisches Gesicht gaben.

Mühlen am rauschenden Bach

»Das Wandern ist des Müllers Lust«, das war einmal; heute ist es der Besucher, dem das Wandern einfällt. Die Höfe- und Mühlen-Wanderwege in Königsfeld bei St. Georgen oder die drei Mühlen im Vogtsbauernhof-Museum in Gutach erinnern an die Bedeutung des Müllerhandwerks im gewässerreichen Schwarzwald. Dabei wird einem unter anderem klar, woher der Ausdruck »gebeutelt werden« kommt. Der »Beutel«, ein engmaschiger Stoffschlauch, diente dazu, das Siebgut in Mehl und Kleie zu trennen. Und zwar mit kräftigen Stockschlägen. Vom 18. bis ins 19. Jahrhundert klapperten fast 1400 Bauernmühlen am rauschenden Bach. Auf den oft weit zerstreut liegenden Höfen des Schwarzwaldes war man gerne autark und stellte Mehl für die Menschen und Schrot für das Vieh selbst her. Heute haben sich immerhin noch an die 300 Mühlen erhalten.

Die abwechslungsreiche Landschaft des Schwarzwaldes verführt geradezu zum Wandern. Und immerhin gibt es drei berühmte Höhenwege, die den Schwarzwald von Norden nach Süden durchziehen. Wer die Wahl hat, hat die Qual:

über Triberg nach Basel, über Freudenstadt nach Waldshut oder über Schwenningen nach Schaffhausen? Und das sind längst nicht alle Wandermöglichkeiten. Der Schwarzwaldverein betreut über 20 000 Kilometer Wanderpfade, aneinandergereiht ergäbe das den halben Erdumfang. Auch mit dem Rad ist man im Schwarzwald gut aufgehoben. Ausgewiesene Strecken für Mountainbiker umfassen im Schwarzwald inzwischen rund 2000 Kilometer, davon 1400 Kilometer allein im Naturpark Südlicher Schwarzwald. Ehrgeiziges Ziel ist es, das weltweit längste zusammenhängende und ausgeschilderte Wegenetz für Mountainbiker mit über 3500 Kilometern zu errichten.
Was wäre der Schwarzwald ohne Wintersport? Immerhin fliegen dort die Schwarzwaldadler, wie die einheimischen Skispringer genannt werden. Skiläufer finden, vor allem um den Feldberg herum, landschaftlich sehr reizvolle und nicht gerade anspruchslose Abfahrten. Die Gründungsurkunde des ältesten deutschen Skiclubs, der heute noch besteht, wurde 1895 im »Feldberger Hof« am Feldberg unterzeichnet. Für Skilangläufer ist der Schwarzwald geradezu ein Eldorado. Der längste Skiwanderweg führt über hundert Kilometer von Schonach zum Belchen. Im Nordschwarzwald ziehen sich viele Loipen und Skiwanderwege auf den Hochflächen hin und bieten oft Sonne und herrliche Ausblicke über ein weites Nebelmeer, in dem die Täler verschwinden. Noch relativ jung sind winterliche Schlittenhunderennen vor allem in Todtmoos.

Vom Meer überflutet, von Gletschern geformt

Einst war das ganze Gebiet des Schwarzwalds – einschließlich der Vogesen jenseits des Rheins – eine einheitliche, zusammenhängende Landschaft. Auf dem Urgestein aus Gneis und Granit ließ dann in prähistorischer Zeit ein Meer seine Ablagerungen zurück: Buntsandstein, Muschelkalk, Keuper und Jura. Dann wölbten tektonische Kräfte das Land auf, das Wasser ging zurück und vor 50 Millionen Jahren brach ein tiefer Graben ein: das Gebiet des heutigen Oberrheins. Dabei wurde der Südschwarzwald höher angehoben als der Nordschwarzwald, weshalb hier die höchsten Berge aufragen: der Feldberg (1493 Meter), das Herzogenhorn (1415 Meter) und der Belchen (1414 Meter). Durch Verwitterung und Erosion wurden die oberen Gesteinsschichten im Südschwarzwald abgetragen. Im Norden blieb eine oberste Schicht aus Buntsandstein liegen. In der großen Eiszeit, die dann folgte und erst vor rund 10 000 Jahren endete, waren weite Teile des Schwarzwalds von einer dicken Eisschicht überzogen. Als

Blick vom Belchen, dem drittgrößten Berg des südwestdeutschen Waldgebirges. Bei klarem Wetter hat man von hier oben einen Ausblick weit über das Nebelmeer, von der Zugspitze über Säntis und Jungfrau bis hin zum Montblanc.

die Gletschermassen schließlich ins Rutschen kamen, gruben sie tiefe Mulden, die Kare. Die mitgerissenen Geröllwälle, die Moränen, blieben am unteren Rand liegen und stauten das Wasser auf. Der Titisee im Südschwarzwald ist so ein typischer Karsee und mit seinen zwei Kilometern Länge und 750 Metern Breite der größte Natursee im Schwarzwald. Ein anderes Werk des Feldberggletschers ist das Höllental. Die Durchquerung der tief ins Urgestein eingeschnittenen Schlucht galt in alten Zeiten als eine wahrhaft höllische Strapaze. Bis vor 200 Jahren war das einzige Durchkommen ein schmaler Maultierpfad. Auch die typischen Schwarzwälder Hochmoore entstanden nach der Eiszeit. Hier gedeiht zum Beispiel der seltene Sonnentau. Im Nordschwarzwald liegt das größte Schwarzwälder Hochmoor, das Naturschutzgebiet um den Wildsee und den Hohloh-See bei Kaltenbronn, südöstlich von Baden-Baden. Ebenfalls im Norden, zu Füßen der Hornisgrinde liegt der bekannteste Karsee: der Mummelsee in seiner märchenhaften Schönheit. Tummelplatz der sagenumwobenen Wasserweibchen, der Mummeln. Der Erhalt dieser einmaligen Landschaft liegt in jüngster Zeit nicht nur den Naturschützern am Herzen, sondern genauso den Verantwortlichen der Tourismusbranche, die in den typischen Schwarzwaldlandschaften ein Kapital mit Zukunft sehen.

Keine Hinterwäldler

Die Forstleute im Schwarzwald gehen neue Wege, um den Wald zu bewirtschaften. Der Orkan »Lothar« hinterließ ihnen ein riesiges Laboratorium im Freien. Art und Verteilung des natürlichen Nachwuchses kann für einen Standort charakteristisch sein und den Förstern helfen, richtige Entscheidungen für die Pflege ihres Waldes zu treffen. Doch die Pflege eines nachwachsenden, artenreichen Waldes kostet Arbeitskraft und Geld. So wird zum Beispiel am Wegräumen des Sturmholzes gespart. Wo es seit »Wiebke, Lothar & Co.« liegen blieb, herrschte zunächst – zumindest für den spazieren gehenden Laien – das absolute Chaos. Doch schon nach kurzer Zeit sprossen Schösslinge aus dem aufgerissenen Boden. Ein paar Jahre später ist der Wald kräftig gewachsen

und passt schon wieder leidlich in das romantische Bild vom schwarzen Wald, selbst wenn inmitten von jungen Fichten das helle Grün von Buchen und anderen Laubbäumen leuchtet.
Waldreich ist der Schwarzwald jedenfalls nach wie vor – und beliebt: Circa sechs Millionen Besucher verbuchen die Schwarzwaldgemeinden jährlich. Damit ist die Region heute eine der beliebtesten Reiselandschaften Deutschlands. Sport, Wellness, Thermalanwendungen und eine Luft, die »wie Champagner belebt« – dem Wohlbefinden sind keine Grenzen gesetzt. Schon gar nicht beim modernen Gourmettourismus. Da ist alles nach oben offen – die Genüsse und die Preise. Die Zahl der Restaurants, die Sterne, Kochlöffel oder Kochmützen internationaler Feinschmeckerinstitutionen verliehen bekamen, ist überraschend groß. Es gibt mehr Gourmettempel als in irgendeinem anderen Teil Deutschlands. Das liegt an der Schwarzwälder Tradition, sorgfältig und bewusst mit guten Rohstoffen umzugehen, an der handwerklichen Geschicklichkeit, an der Lebensfreude und dem Fantasiereichtum. Dazu liegt die fruchtbare Rheinebene mit ihrem Obst- und Gemüseanbau direkt vor der Türe. Die Täler und Wälder bergen kulinarische Schätze an Wild, Pilzen, Beeren und Forellen und die mit Reben bestandenen Südwesthänge liefern einen Wein, der vielerorts zu besonderer Güte reift. Im Schwarzwald kommen nicht nur badische und schwäbische Kochkünste zusammen, sondern auch schweizerische, elsässisch-französische und sogar österreichische. Man könnte sagen, die alemannische Küche wird hier auf höchstes Niveau gebracht. Das wirkt. Viele französische Gourmets und Gourmands kommen mittlerweile zum Essen auf einen Sprung über den Rhein. Wer es lieber deftig mag, der kommt hier ebenfalls zum Zug. Ganz abgesehen davon, dass ein typisches Vesper aus Schwarzwälder Bauernbrot, Schwarz- und Leberwurst, Schwarzwälder Speck und Schwarzwälder Schinken – besonders nach einer langen Wanderung – ein vollendeter Genuss ist. Dazu ein Schwarzwälder Kirsch-, Zwetschgen-, Birnen- oder Himbeerwässerle, das wär's doch, oder?
Zum Schluss noch ein kleiner Bummel über den allseits beliebten Bauernmarkt in Freiburg. Der Münstermarkt ist geteilt. Seit Jahrhunderten bieten auf der Südseite die Händler allerhand »Kruscht ond Sonschtiges« an: Holzlöffel, Keramik oder ein Potpourri von duftenden Kräuterbonbons. Auf der Nordseite drängen sich die Stände des Bauernmarktes. Aus der Region in den Einkaufskorb kommen je nach Jahreszeit: frischer Kopfsalat, Schnittlauch und Dill, Rettiche und Radieschen, junge Zwiebeln und zarte Kohlrabi. In der Spargelzeit

Idyllisch springt die Haslach in der nach ihr benannten Schlucht in der Nähe von Lenzkirch über Stock und Stein. Wenig später mündet sie in die Gutach, die dann den Namen wechselt und zur Wutach wird.

bringen die Anbauflächen in Opfingen, Munzingen oder Tiengen Qualität und Quantität. Im Frühsommer locken die appetitlichen Herzkirschen und die ganz hellen »Glaskirschen«. Knackige Äpfel aus den Gebieten um Laufen, Britzingen, Ehrenstetten und vom westlichen Kaiserstuhl schmecken frisch geerntet am besten. Ebenso die einheimischen Gutedel-Trauben aus Ebringen. Am Freitag gibt es frischen Fisch: Saibling, Forelle und Zander. Die Spätsommerpracht bringt prächtige Steinpilze und Pfifferlinge. Dann liegt auch der Duft von »neuem Süßen« (junger Wein) in der Luft, mit frischem Zwiebelkuchen eine Delikatesse.

Seite 22/23:
Dieser herrliche Schwarzwaldhof im Morgennebel liegt versteckt zwischen Furtwangen und Gütenbach. Bekannt geworden ist er durch die Vorabendserie »Die Fallers«, die dort gedreht wird. Der Hof ist auch im richtigen Leben bewohnt und bewirtschaftet.

Seite 24/25:
Lichter am Rande der Eiszeit. Der lebhafte Luftkurort Titisee liegt dort, wo einst die Geröllwälle des Feldberggletschers das Schmelzwasser zum heutigen Titisee aufstauten.

Riggenbach liegt auf 900 Meter im Bernauer Hochtal. Hier wird noch intensive Weidewirtschaft betrieben – man sieht dies an den bräunlichen Wiesenflächen, die als Weide genutzt werden – die saftiggrünen werden regelmäßig gemäht.

Der 1493 Meter hohe Feldberg beherrscht den Hochschwarzwald. Bei klarem Wetter hat man von hier oben einen faszinierenden Ausblick auf die gezackte Alpenkette, von der Zugspitze über Säntis, Jungfrau bis zum Montblanc. Belchen, Blauen, Herzogenhorn und Hasenhorn sind ebenfalls beliebte Aussichtsberge. Die Landschaft geizt nicht mit ihren Reizen: Titisee, Feldsee und Schluchsee, Höllental, Wiesental, Albtal und das einzigartige Wutachtal. Ganz im Südosten liegt der Hotzenwald mit seinen tiefen Waldschluchten im Dornröschenschlaf.
Ganz anders der Kaiserstuhl. Selbst wer noch nie da war, kennt ihn von der Wetterkarte: jene beneidenswerte Ecke links unten mit den meisten Sonnenstunden der Republik. Der Vulkanrest des Kaiserstuhls ragt nordwestlich von Freiburg aus der Rheinebene. Freiburg ist das Tor zum südlichen Schwarzwald und kulturelles Zentrum des Breisgaus. Im mittleren Schwarzwald, nordöstlich von Freiburg, gibt es keine freien Hochebenen, sondern Bilderbuchwälder: Fichten, Tannen und tiefe Schluchten. Dazwischen liegen einzelne Schwarzwaldhöfe verstreut. Handel und Handwerk konzentrieren sich in größeren Städten wie Waldkirch, St. Georgen, Furtwangen, Schramberg. Um die einzigartige Landschaft des Südschwarzwaldes zu erhalten, wurde im Jahr 1999 der Naturpark Südschwarzwald ins Leben gerufen.
Die kalte Jahreszeit verwandelt den Südschwarzwald in ein Wintermärchen: gemütliche Schwarzwaldhöfe unter weit ausladenden Walmdächern, Eiszapfen an Bachrändern, Raureif auf Tannen und Fichten, glitzernder Schnee – hier muss Frau Holle zu Hause sein. Und wenn sie fleißig die Kissen schüttelt, dann ist der Südschwarzwald für Skiläufer, besonders für Langläufer, ein einziger Genuss.

Seite 28/29:
Freiburg, die Schwarzwaldmetropole. Universitätsstadt und Regierungssitz von Südbaden, noch dazu ideal im Dreiländereck Deutschland-Schweiz-Elsass gelegen – die Stadt um das Münster ist auf eine sehr entspannte Art weltoffen.

Kleine Bilder:
Wasserspeier am Freiburger Münster. Wer einen Blick nach oben riskiert, sieht allerhand »Unheiliges«. Da tummeln sich Dämonen, Tiermenschen und in Stein gehauene Kraftausdrücke. Ganz links ein schönes Beispiel: der stadtbekannte »Blecker«.

Links:
Kaiser und Kaufleute. Der Bauschmuck des historischen Kaufhauses, die steinernen Herrscherfiguren und Wappen, waren Ausdruck politischer Verbundenheit mit Österreich und seinem Habsburger Kaisergeschlecht.

Linke Seite:
Zwischen Gotik und Renaissance. Gegenüber der Südflanke des gotischen Münsters in Freiburg liegt das 1522 bis 1532 erbaute historische Kaufhaus, multifunktional für Zoll, Finanzverwaltung und als Handelszentrum errichtet.

Zwei Dinge, die kein Freiburger missen möchte: Erstens den Bauernmarkt auf dem Münsterplatz (unten) und zweitens die Bächle. An letztere muss sich der Auswärtige erst gewöhnen. Da heißt es »auf'd Fiass gugge«, also auf den Weg achten!

Rechts oben:
Im Mittelalter dienten die Bächle, die aus einem Nebenarm der Dreisam gespeist werden, zur Brandbekämpfung und Viehtränke, heute eher der Erfrischung an heißen Tagen.

Rechts Mitte:
Gemüse und Obst, Fisch und Fleisch, vorwiegend aus der näheren Umgebung, werden auf dem Markt von Freiburg vor dem Münster verkauft.

Rechts unten:
Die Alte Wache am Münsterplatz aus dem Jahr 1733 beherbergt heute ein Weinlokal. Es gibt kaum einen schöneren Platz ein „Viertele“ zu genießen.

Schwarzwälder Quartett – die Torte, der Brand, der Schinken und der Fisch

Der Schwarzwald – ein Schlemmerparadies? Die Frage kann man getrost bejahen. Und zur Freude der Schwarzwälder Köche und Köchinnen hat sich das bis in die höchsten Gourmetkreise herumgesprochen. Die Cuisine, die hier angeboten wird, ist kreativ, aber vom guten Einfall lebt auch die alltägliche, typisch badische Küche. Alles, was die Region bietet, wird nach lange bewährten Rezepten in hervorragender Qualität auf den Tisch gebracht. Im Norden mit einem kleinen schwäbischen Einschlag, im Süden klingen schon Schweizerische und Elsässer, eben alemannische Akzente an. Schwarzwälder Buure-Veschper, Schäufele, Knöpfle, Zwiebelkuchen, Schwarzwald-Forelle und Wildgerichte versprechen sattes Behagen. Eine süße Köstlichkeit ist die Schwarzwälder Kirschtorte. Die Zubereitung der Königin aller Torten erfordert echte Hingabe. Dem Kabarettisten und Genussmenschen Gerhard Polt dient sie sogar als Metapher: »Man kann sagen, der Katholizismus, das ist eine Schwarzwälder Kirschtorte, er ist üppig und spektakulär; der Protestant hingegen ist das Knäckebrot, die Askese, die Verneinung des Spektakels.« Was nun die echte, einzig wahre »Schwarzwälder Kirsch« tatsächlich ist, das ist keine Glaubenssache, sondern in Leitsätzen zur Herstellung festgelegt: Dunkle Biskuitböden, Unmengen von steif geschlagener Sahne, Sauerkirschkompott, Schokoladenraspeln und obendrauf eine kandierte Kirsche, die Krönung jedoch ist der Schnaps. Klare Sache, das Kirschwasser, mit dem die Böden beträufelt werden, wird aus Schwarzwald-Schwarzkirschen hergestellt.

Geschütztes Kirschwasser

Der Obstanbau an den sonnigen Südwesthängen des Schwarzwaldes und die sorgfältige Herstellung dieses Edelbranntweins haben eine jahrhundertelange Tradition. Im Renchtal, aus dem besonders gute Kirschwässer kommen sollen, hat man bereits im 13. Jahrhundert »Chriese« (alemannisch) geerntet und bald entstanden die ersten Destillen, Vorläufer der heutigen Brennereien. Der so gewonnene Alkohol diente anfangs nur als Arznei. Es waren die Frankfurter, die den Branntwein um 1500 als Getränk entdeckten. Der Verkauf des Branntweins wurde den Bergbauern im Renchtal zur guten, oft einzigen Einnahmequelle. Dann versuchte im 18. Jahrhundert die Küferzunft, das Brennrecht an sich zu reißen. Ein Straßburger kam den bedrohten Schwarzwälder Brennern zu Hilfe. Bischof Armand Gaston von Rohan, Landesherr im Renchtal, verhinderte 1726 diese Monopolbildung und sicherte den Bauern so ihre Existenz: »Sie haben nur dann die Möglichkeit, die Kirschen zu verwerten, wenn sie sie brennen und den Branntwein verkaufen dürfen, den sie daraus gewinnen. Dies ist ihr einziger Handelszweig und ihre hauptsächliche Einnahme...«. Auch heute genießt das Schwarzwälder Kirschwasser besonderen Schutz. Die Europäische Spirituosenverordnung legt fest, dass ein Kirschwasser nur dann als Schwarzwälder Kirschwasser bezeichnet werden darf, wenn es erstens im Schwarzwald und zweitens aus Kirschen des Schwarzwaldes hergestellt wurde.

Von Schinkenseminaren und Schwarzanglern

Das Geheimnis des Schwarzwälder Schinkens kann man sogar auf einem Schinkenseminar im Schwarzwaldhof in Enzklösterle entdecken. Von der Trockenpökelung bis zum Kalträuchern, als Schwarzwaldschinken-Experte unterscheidet man anschließend sicher das Original von Nachahmungen. Und man versteht, warum diese über Tannenreisig gleichmäßig eingeräucherte Spezialität geradezu süchtig macht. Marlene Dietrich zum Beispiel, klingelte dafür ihren deutschen Leibkoch aus dem Bett: »Schätzchen, ich will wat Feines«, hieß es, wenn sie um Mitternacht Hunger bekam auf Schwarzbrot mit Schwarzwälder Schinken.

Die Schwarzwaldforelle wiederum ist als Warenzeichen beim Deutschen Patentamt eingetragen und, was die Aufzuchtbedingungen betrifft, geschützt. Hinter dem Warenzeichen verbirgt sich ein flinker, schlauer und begehrter Bewohner der kalten und sauerstoffreichen Gewässer des Schwarzwaldes. Ernest Hemingway, ein passionierter Fliegenfischer, schätzte das Forellenfangen mit der Angel. Während seiner Zeit als junger Journalist im Nachkriegsdeutschland kam er gerne ins badische Elztal. Da ihm die vielen Vorschriften der örtlichen Behörden zu umständlich waren, angelte er öfter schwarz. Als Wiedergutmachung hatte Hemingway immer einige Dollars dabei, die die aufgebrachten Fischereipächter zu beruhigen halfen. Gut, dass die begehrte Forelle inzwischen auf den Schwarzwälder Speisekarten heimisch ist.

Links:
Aus dem Rauch auf den Tisch – Schinken- und Speckräucherei im Ospelehof bei Hinterzarten.

Oben:
Schwarzwälder Gemütlichkeit zeigt sich vor allem in der Gastfreundschaft und einem gedeckten Tisch.

Kleine Bilder rechts, von oben nach unten: *Eine besondere Spezialität ist geräucherter Wildschweinschinken.*

Die berühmteste aller Schwarzwälder Konditoreiprodukte ist ohne Zweifel die Schwarzwälder Kirschtorte.

Der Hefeschnaps wird aus der Weinhefe gebrannt und ist eine Spezialität, die meist nur in Weinbauregionen bekannt ist.

Heimischen Fisch gibt es im Schwarzwald zur Genüge – hier als „Forelle blau“.

Rechts:
Freiburger Spaziergänge: Das Schwabentor zeigt stadtauswärts einen Kaufmann als Symbol des Wohlstandes, stadteinwärts den Heiligen Georg, den Schutzpatron der Stadt.

Ganz rechts:
Vom Augustinerplatz geht der Blick in die Gerberau – im Hintergrund erhebt sich das Schwabentor. War es früher das Viertel der Handwerker, so findet man heute kleine Läden, Wirtschaften und Galerien in den idyllischen Gassen.

Rechts:
Der beispielhafte Wiederaufbau nach den Schäden des Zweiten Weltkrieges hat der Breisgaumetropole ihr fröhliches Flair gegeben. Der Kanal bei der Insel versorgte einst die hier angesiedelten Handwerksbetriebe mit ausreichend Wasser.

Ganz links:
Vesper mit Bären. Bei soviel Kunst und Kulturgenüssen kommt auch das leibliche Wohl in Freiburg nicht zu kurz. Im Roten Bären, einem der ältesten Gasthäuser Deutschlands, lässt's sich wohl sein.

Links:
Der Bettelmönch und die Ratsherren. Blick von der Pfarrkirche St. Martin, dem einzigen Überbleibsel eines Franziskanerklosters, auf das Alte Rathaus. Die Brunnenfigur zeigt den Franziskanermönch Berthold Schwarz, der um 1353 das Schießpulver erfunden haben soll.

Links:
Drei in Einem. Das Neue Rathaus entstand in seiner jetzigen Form 1896 bis 1901. Vom Türmchen des Querbaus, der die beiden Giebelhäuser aus dem 16. Jahrhundert verbindet, erklingt Punkt 12 Uhr und drei Minuten ein Glockenspiel.

Unten:
Vorarlberger Baukunst: Rot leuchten die Zwillingstürme der Westfront von St. Peter vor den grünen Hängen des Kandel. Die Abtei ist eine Gründung der Zähringer (1093) und verdankt ihr jetziges Aussehen dem Vorarlberger Barockbaumeister Peter Thumb.

Seite 40/41:
Der Winter ist eine wunderbare Jahreszeit im Schwarzwald – tief verschneit präsentiert er sich wie eine Landschaft aus einem Märchen. Besonders schön ist es in St. Peter, hier die Klosterkirche.

Kleine Bilder rechts:
Die Tradition lebt: Im ehemaligen Klosterdorf, dem heutigen Luftkurort St. Peter, wird insbesondere zu kirchlichen Festtagen und Prozessionen Tracht getragen. Besonders beeindruckend ist die Kopfbedeckung des »Schäppel« (oben): ein Metallgestell, umwunden mit rotem Schmuckband mit eingeflochtenen Perlensträußchen, das als Sinnbild für die Himmelskrone der Jungfrau Maria gilt und den jungen Mädchen vorbehalten ist. Schlichter sind weiße Strohhüte mit schwarzem Samtband und roter Rose.

HEXENLOCHMÜHLE
Hexenloch
13
KUCKUCKSUHREN
EIGENE HERSTELLUNG
SCHWARZWÄLDER

Seite 42/43:
Im Hexenloch: Die Hexenlochmühle liegt zwischen St. Märgen und Furtwangen. Im Jahre 1825 erbaut, befindet sie sich seit Generationen im Familienbesitz. Übrigens war die Mühle auch Vorlage für ein Häuschen der Modellbaufirma Faller, das so manche Modelleisenbahnstrecke ziert.

Unten:
Barockes Glaubensmanifest: St. Märgen, auf einem Höhenrücken zwischen Feldberg und Kandel, ist ein bekannter Wallfahrtsort und die Züchterhochburg der berühmten »Schwarzwälder Füchse«, einer robusten Pferderasse.

Rechts oben:
Sagenhaft: Ein Hirsch, von einem Ritter der Burg Falkenstein gejagt, wagte den riesigen Sprung quer über das Höllental. Dem verzweifelten Tier gelang es, die etwa 30 Meter breite Kluft zu überspringen und seinem Verfolger zu entkommen.

Rechts Mitte:
Die ehemalige Augustiner-Chorherren-Klosterkirche und heutige Pfarr- und Wallfahrtskirche sowie das angeschlossene Pauliner Kloster verdanken ihre Entstehung als »Marienzelle« – heute St. Märgen – einer Initiative des Dompropstes Bruno von Straßburg im Jahr 1118.

Rechts unten:
Gemütliches Fachwerk bestimmt den Ortskern von St. Märgen. Alle drei Jahre wird hier der »Tag des Schwarzwälder Pferdes«, auch »Roßtag« genannt, gefeiert.

Oben:
Erfolgreiche Winterstatistik: Horben, »die Sonnenterrasse Freiburgs«, liegt auf einem Ausläufer des Schauinslands, der ein beliebtes Wintersportgebiet ist. Im Ort befindet sich die Talstation der Seilbahn zum 1284 Meter hohen Gipfel.

Rechts:
Von der Schneelast fast erdrückt werden die wenigen Buchen auf dem Schauinsland. Die nahezu baumfreien Wiesen auf der Hochfläche entstanden durch mittelalterliche Rodung.

Oben:
Die Rankmühle bei St. Märgen wurde um die Mitte des 18. Jahrhunderts etwa 700 Meter vom Hof entfernt errichtet, da es dort nicht ausreichend Wasser zum Betrieb einer Mühle gab. Ende der 60er-Jahre wurde die stark verfallene Mühle von Grund auf renoviert und es ist so ein Schmuckstück erhalten geblieben.

Links:
Geheimnisvolle Nebelwelt auf dem Schauinsland, der früher »Erzkasten« hieß. Der Berg mit seinen Silber-, Blei- und Zinkstollen machte Freiburg im 14. und 15. Jahrhundert zur reichen Stadt.

Unten:
Harter Winter in Hinterzarten: Der Kur- und Wintersportort liegt in exponierter Umgebung auf einer weiten Hochfläche oberhalb des Höllentals. Bereits vor Weihnachten ist die Region oft ein Wintersportparadies.

Rechts oben:
Tief verschneiter Hof mit Kapelle bei Hinterzarten. Die Geschichte der mächtigen Schwarzwaldhöfe

mit weit ausladenden Walmdächern reicht teilweise bis ins 15. Jahrhundert zurück.

Rechts Mitte:
In Hinterzarten braucht man im Winter keine Vorhänge mehr: Eiszapfen erschweren die Sicht aus dem Fenster.

Rechts unten:
Im weiten Jostal bei Titisee-Neustadt finden sich viele von diesen stattlichen Höfen.

Seite 50/51:
Von Breitnau bietet sich über das Höllental und die Ravennaschlucht eine ungehinderte Sicht auf den höchsten Berg des Schwarzwaldes, den 1493 Meter hohen Feldberg.

Schon fast alpin geht es in Langenordnach zu. Das Langenordnachtal zieht sich in circa 850 Metern Höhe von Hölzlebruck bei Titisee-Neustadt nach Norden bis Waldau hin.

Am Fuß des Feldbergs: Der Ort Menzenschwand hat fünf Lifte auf dem Feldberg und drei Skilifte direkt am Ort. Zahlreiche gespurte Loipen für den Skilanglauf werden ebenfalls geboten.

Links und ganz links:
Skiadler in Hinterzarten. Der Ort ist Heimat des berühmten Skispringers Georg Thoma, der 1960 die Goldmedaille der nordischen Kombination gewann.

Ganz links:
Hornschlittenrennen in Menzenschwand. Mit den großen Schlitten brachten früher die Bergbauern ihr Heu ins Tal.

Links:
Früh übt sich... Neben fast alpinen Abfahrten gibt es im Schwarzwald genügend leichtere Übungshänge für Kinder, hier bei Menzenschwand.

Links:
Ein ganz besonderes Wintersportvergnügen: Eislaufen auf dem zugefrorenen Titisee. Der Moränenstausee ist immerhin zwei Kilometer lang und 750 Meter breit und somit der größte Natursee des Schwarzwaldes.

Rechts:
Winterstimmung am Thurner – dann sind die Temperaturen in der sonnigen Höhe auf 1000 Meter erheblich höher als unten im Tal – Inversion heißt dieses Phänomen, das die Ausflügler in Scharen auf die Höhe zieht.

Unten:
Die Natur gestaltet den Wasserfall in Triberg zu einem Kunstwerk.

Oben:
Keine Fata Morgana und kein Polarlicht, sondern Schwarzwaldtannen im Jostal bei Titisee-Neustadt.

Links:
Hans Thoma, Wilhelm Hasemann, Hermann Dischler, Karl Bartels und Carl Hauptmann setzten in ihren Werken poetisch um, was ihnen die Natur wie hier am Schluchsee an Licht und Farbe bot.

Oben:
Das Stadtbild des Kurortes St. Blasien wird von der drittgrößten Kuppelkirche in Europa bestimmt. Nach einem verheerenden Brand 1768 wurden weite Teile der Klosteranlage neu aufgebaut und der Dom erhielt von 1771 bis 1783 sein heutiges frühklassizistisches Aussehen.

Rechts:
Die Rotunde von St. Blasien. Die Ursprünge des Doms gehen bis ins 9. Jahrhundert zurück. Vor einigen Jahren wurde die Kirche mit ihrer 62 Meter hohen, dem römischen Pantheon nachempfundenen Kuppel renoviert und erstrahlt nun wieder in aller Herrlichkeit.

Links:
Brauen in alter Tradition: Gebäude der »Staatsbrauerei Rothaus«. Bereits 1792 auf Betreiben des Fürstabtes von St. Blasien gegründet, führen noch heute reines Schwarzwaldwasser und gute Luft für den Gärungsprozess zu schmackhaften Ergebnissen.

Unten:
Von der Eiszeit geformt sind die schönen Wandergebiete um die ländliche Siedlung Ibach, sieben Kilometer südwestlich von St. Blasien.

Links:
Kindertrachten in Neustadt. Die Bubentracht besteht aus schwarzer Hose, roter Weste und breitkrempigem Hut. Mädchen tragen ein Rock-Mieder-Kleid und schwarze Hauben.

Links Mitte und unten:
Sommerliches Trachtenfest in Hinterzarten. Die Schwarzwälder Trachten sind sehr unterschiedlich und können bestimmten Gebieten zugeordnet werden. Den berühmten Bollenhut tragen zum Beispiel eigentlich nur Mädchen aus den protestantischen Gemeinden Reichenbach, Kirnbach und Gutach.

Seite 58/59:
Weit geht der Blick über den Schwarzwald zur Alpenkette – unten im Bernauer Tal liegt noch der Morgennebel.

Unten:
»Da vergesse ich alle Sorgen und der Friede der Natur umschließt auch meine Seele«, schrieb Hans Thoma, der 1839 in Bernau geborene Maler, über seine Heimat. Noch heute ist Bernau vom bäuerlichen Alltag geprägt.

Oben:
Der Feldsee unterhalb des Feldberges ist ein typischer Karsee, der vom Feldberggletscher in der Eiszeit ausgehobelt wurde. Von dem See führt ein Weg hinauf zum Gipfel.

Rechts:
Ein Relikt der letzten Eiszeit: das als Gletschermühle bezeichnete morphologische Phänomen im südwestlich eingetieften Schwarzbächletal bei Ibach.

Naturerlebnis auf den Schwarzwaldhöhen: Nicht nur für Wanderer, auch für Pilzsammler ist hier ein Eldorado. Mit dem richtigen Instinkt hat man zur rechten Zeit schnell seinen Korb mit köstlichen Pilzen gefüllt.

Ganz links:
Die Wutachschlucht ist ein besonderes Wandererlebnis. Kilometerweit schlängelt sich der Weg den Flusslauf entlang.

Links:
Der Schwarzwald ist ein Wanderparadies und einfallsreiche Schilder weisen den Weg.

Ganz links:
Das Streckennetz für Radfahrer ist in den letzten Jahren gut ausgebaut worden, dazu gibt es zahlreiche Radwanderstrecken.

Links:
Nach einer Tour der willkommene Hinweis zur nächsten Wirtschaft.

Oben:
Der Luftkurort Breitnau liegt über dem Höllental auf einem sonnigen Hochplateau, im Hintergrund erhebt sich der Feldberg. Häuser und Höfe zum Teil aus dem 15. Jahrhundert liegen weit verstreut.

Rechts:
Weit verteilt sind die Höfe in Fischbach am Schluchsee – noch weit in den Herbst hinein, längst ist morgens Raureif auf der Weide, sind die Kühe noch draußen.

Oben:
Blick vom Feldberg auf den 1448 Meter hohen Seebuck, auf dem der älteste Fernsehturm im Schwarzwald als Orientierungshilfe dient. Zwischen Seebuck und dem Feldberggipfel haben es sich Rinder auf der Sommerweide gemütlich gemacht.

Links:
Winter in Langenordnach. Von Hölzlebruck bei Titisee-Neustadt bis nach Waldau im Norden zieht sich das Langenordnachtal mit seinen Schwarzwaldhöfen hin.

Kleine Bilder links:
Landleben im Schwarzwald: So idyllisch ein traditioneller Schwarzwaldbauernhof erscheinen mag, das Leben ist dort noch immer arbeitsreich und hart. Man braucht genügend Holz für den Winter (oben), im Herbst werden die Kartoffelfeuer im Elztal geschürt (Mitte) und Gelegenheiten sich auszuruhen gibt es wenige (unten).

Seite 66/67:
Blick am frühen Morgen auf Hinterzarten – der Ort wurde bereits im 12. Jahrhundert erwähnt und ist heute mit seinen Sprungschanzen und den Loipen ein Wintersportzentrum.

Unten:
Im Schwarzwald überwiegt die Weidenutzung für die Milchwirtschaft. Auf satten grünen Wiesen können die Kühe zusätzlich die gute Luft genießen.

Rechts oben:
Der gemauerte Herd in der Küche hatte früher meist keinen Anschluss zu einem Kamin; der Rauch sammelte sich unter der gewölbten Decke, um Würste und Schinken zu räuchern.

Rechts Mitte:
Kein Nutztier im eigentlichen Sinne, aber als Feind der Nagetiere gerne auf dem Bauernhof geduldet.

Rechts unten:
»Strip, strap, stroll, ist der Eimer bald voll?«, rief der Däumling im Märchen der Gebrüder Grimm. Hier ein Bauernhof in Bernau.

Lebendige Geschichte – das Schwarzwaldhaus

»Fremd wie ein unerreichbarer Planet« sei die Zeit, in die sich eine Berliner Familie zurückbegeben solle, und der Kaltwasserhof im Münstertal sei »kein normaler Schwarzwaldhof, sondern eine Zeitmaschine«. Der Vorspann des dokumentarischen ARD-Vierteilers »Schwarzwaldhaus 1902« bemüht Begriffe eines Science-Fiction-Films. Rudolf Schlenker und Volker Heise erzählen »Schwarzwaldhaus 1902« im »Living history«-Format. Gelebte Geschichte, dargestellt, erlebt und manchmal erlitten von sorgfältig »gecasteten« Versuchspersonen. Drei Monate auf einem idyllischen Bauernhof wohnen, leben und wirtschaften als wäre es 1902 – wer hat davon noch nicht geträumt? Wie weit Traum und Realität auseinander liegen, lernt die ausgewählte Familie und mit ihr Millionen Zuschauer bei Heuernte, Hausschlachtung und anderen Pflichten. Und da hapert es dann doch: Während sich die historischen Schwarzwälder Vorbilder nach dem Motto »Erst die Arbeit – dann das Vergnügen« durchs Leben schlugen, fallen ihre Nachahmer aus dem 21. Jahrhundert bei manchen Aufgaben durch. Dramaturgisch gibt das natürlich mehr her als brave Pflichterfüllung und Disziplin, die aus spannendem Infotainment bestenfalls einen Schulfilm gemacht hätten. Und so ging der begehrte Grimme-Preis 2003 an die Autoren.

Alles unter einem Dach

Der Preis für ein halbwegs gutes Leben stand in den früheren Jahrhunderten fest: Disziplin, Fleiß und bestmöglichste Anpassung an die Gegebenheiten. Den rauen klimatischen Bedingungen ist das Schwarzwaldhaus hervorragend angepasst. Die Schmalseite des Daches ist der Wetterseite zugewandt, so findet der Wind möglichst wenig Angriffsfläche. Traditionell ist es aus Holz, sein typisches Merkmal ist das tief heruntergezogene Dach. Im »Einhaus« findet alles unter diesem Dach Schutz und Platz: Menschen, Vieh und die Ernte. Arbeitserleichterung war eine wichtige Bedingung für die Architektur der Schwarzwaldhäuser, darum wurde so gebaut, dass der Bauer über eine Erdrampe oder einen Holzsteg in den Dachraum des Hauses einfahren konnte. So konnte das Heu leicht zum Füttern in den darunter liegenden Stall geworfen werden. Im Winter spielte sich das Leben in Küche und Stube ab, den beiden einzigen beheizbaren Räumen. Der Kachelofen der Stube wurde von der Küche aus befeuert. Die aufsteigende warme Luft zog durch eine kleine Klappe in der Decke in die Schlafkammern des oberen Stocks. Die Stube diente im Winter der Hausarbeit und dem Nebenerwerb, zum Beispiel Anfertigung von Uhren oder Gebrauchsgegenständen aus Holz. Das Schwarzwaldhaus kennt keinen Kamin, der Rauch von Kachelofen und Herd sammelte sich im riesigen Rauchfang der Küche. Hier hingen Schinken und Würste zum Räuchern. Die aufsteigende warme Abluft verteilte sich im gesamten Dachraum und schützte das Heu vor Bakterienbefall und imprägnierte gleichzeitig die Balken des Dachstuhls. Denkmalschützer bescheinigen den historischen Baustoffen übrigens eine »gute Alterungsfähigkeit und (sie) werden durch Gebrauch und Bewitterung nicht unansehnlich, sondern entwickeln ganz eigene Qualitäten.« Genau das, was in der Werbung als »ökologische Baustoffe« angepriesen wird.

Wie aus dem Bilderbuch

Die so genannten Höhenhäuser sind die ältesten belegbaren Haustypen des Schwarzwalds. Sie wurden als Firstständer-Bauten errichtet. Ihre tragenden Balken reichen vom Boden bis unter den Dachfirst. Der Hippenseppenhof ist mit über 400 Jahren der älteste Museumshof in Furtwangen-Katzensteig. Das mit Schindeln gedeckte »Heimethuus« in Todtmoos ist heute das Heimatmuseum der Gemeinde und über 250 Jahre alt. Ein anderes Bilderbuch Schwarzwaldhaus, das Heimatmuseum Hüsli in Grafenhausen-Rothaus, datiert von 1912, besteht aber aus Bauteilen alter Höfe und hat wegen seines heruntergezogenen Daches, seinen gemütlichen Stuben mit den bemalten Decken und Wandschränken, den alten Türen und Fußböden TV-Karriere gemacht. Berühmt wurde das Hüsli durch die Fernsehserie »Die Schwarzwaldklinik«, als Wohnhaus von Professor Brinkmann.

Links:
Hof am Thurner. Der direkte Zugang zum oberen Stockwerk des Hofes ist eine Arbeitserleichterung. Zur Fütterung wird das Heu einfach nach unten geworfen.

Oben:
Schwarzwaldhof im Jostal. Kurze Wege erleichterten die Arbeit, weshalb in typischen Bauernhöfen Stall und Wohnbereich unter einem Dach liegen.

Kleine Bilder rechts, von oben nach unten: *Der christliche Glaube war im Schwarzwald tief verankert – Hausschmuck an einem Hof in Schönwald.*

Heutzutage erleichtert so manches das Leben auf dem Bauernhof und ist für Kinder ein Spaß: bei der Heuernte über die Felder zu tuckern.

Spinnstunde am Kachelofen. Das Bauernhofmuseum Resenhof in Bernau erzählt Schwarzwälder Geschichte und Geschichten für Leute von heute.

Das Heimatmuseum Hüsli in Grafenhausen-Rothaus. Das Hüsli wurde 1912 aus Bauernhöfen der Region »zusammengesetzt«. Die Stube mit Kachelofen ist das Schmuckstück darin.

Seite 72/73:
Am frühen Morgen, wenn die Nebel über den dunklen Wäldern liegen und die Sonne vorsichtig durchbricht, ist die Zeit der Mythen und Legenden wieder gegenwärtig – Blick vom Seebuck am Feldberg.

Unten:
Wald und Wasser. Im Schwarzwald rauschen auch Deutschlands höchste Wasserfälle. Bei Triberg stürzt das Wasser der Gutach immerhin 162 Meter mit sieben Kaskaden über Stock und Stein in die Tiefe.

Seite 76/77:
Vom Thurner oberhalb von Hinterzarten schaut man über die Hochfläche Richtung Freiburg. Von hier aus gelangt man nur durch tiefgeschnittene Täler, Höllental, Glottertal, Spirzen, in das weite Dreisamtal und Rheintal.

Rechts oben:
»Brigach und Breg bringen die Donau zuweg«: Der Hauptquellfluss der Donau, die Breg, entspringt beim Höhengasthof Kolmenhof bei Furtwangen.

Rechts Mitte:
Eine Quelle der Meditation ist der »Balzer Herrgott«, eine Christusfigur aus Sandstein, die außerhalb von Gütenbach im Lauf der Zeit von einer Buche umwachsen wurde.

Rechts unten:
Die Fassung der »offiziellen« Donauquelle in Donaueschingen wurde 1875 nach den Plänen von Adolf Weinbrenner gefertigt.

»Der Narr hält sich für weise, aber der Weise weiss, dass er ein Narr ist.«

»Wie es euch gefällt«, William Shakespeare

Im Schwarzwald jedenfalls wissen zigtausende, dass sie Narren sind. Ganz schön weise – denn da wird gefeiert, das verbindet. Da wird Dampf abgelassen, das erleichtert. Fasnet macht Sinn! Sagen die Traditionalisten. Fasnet macht Spaß! Sagen die jungen Individualisten. Jedenfalls bietet sie Jung und Alt eine willkommene Abwechslung zum Alltag. Man trifft sich bei der Fasnet, um gemeinsam die bösen Geister des Winters zu vertreiben. Zum Beispiel mit dem »Wilden Mann«, der bei den alpenländischen und alemannischen Volksstämmen als ein Wald- und Bergwesen angesehen wurde und als Winterdämon galt.
Die Fasnet als Ausdruck von Tradition und Brauchtum ist seit jeher einem festen Regelkatalog unterworfen. In jüngster Zeit gärt es, das »närrische Zunftwesen« erlebt eine wahre Inflation von neuen Narrenzünften und Maskengruppen. In den etablierten Narrenvereinigungen macht man sich Sorgen über die zunehmende Vermischung mit Elementen des Rheinischen Karnevals oder der Mainzer Fassenacht. »Indianer, Cowboys, Neger, Schlümpfe und ähnliches entsprechen dem heimischen Brauchtum nicht« wird gewarnt. Hier trägt der zünftige Narr kein Kostüm sondern ein »Häs«. Auch verbirgt sich der zünftige Narr niemals hinter einer schnöden Plastikmaske, sondern trägt eine von heimischen Maskenschnitzern gefertigte Holzmaske. Dafür hat der Häs eine reiche Auswahl an Häszubehör: Karbatsche, Narrenschwert, Gschell, Pritsche, Streckschere, Rätsche, Fuchsschwanz, Spiegel, Besen und Schirm gehören dazu. Im Häs mutieren brave Bürger zu wilden Gesellen, Geistern und Dämonen. Bei traditionellen Umzügen treiben sie ihren Schabernack und schlagen mit lauten Peitschenschlägen, Ratschen und Schellenklang den Winter in die Flucht.

Narriii – Narroo

Immer am »Schmutzigen Dunschdig«, dem Altweiberfastnachts-Donnerstag, beginnt das Narrentreiben mit dem Sturm auf das Rathaus und der Übernahme der Regierung. In dieser Nacht trifft sich Jung und Alt im Nachthemd bei den »Hemdglonkerumzügen«. Aus allen Gassen ertönt ein vielstimmiges ‚Narriii', das unbedingt mit ‚Narroo' beantwortet werden muss. Traditionelle Hochburgen der Schwäbisch-Alemannischen Fasnet sind die Städte Waldshut-Tiengen, Laufenburg und Bad Säckingen am Hochrhein oder auch Bonndorf im Südschwarzwald. Die Laufenburger »Narro-Altfischerzunft 1386« gilt hier als die älteste Narrenzunft, gefolgt von den Narrenzünften Bad Säckingen (1425), Waldshut (15. Jahrhundert) und Tiengen (1503). Auch Waldkirch, Kirchzarten und Elzach bei Freiburg sind fest in Narrenhand. Besonders wild treiben es die Elzacher »Schuddige«: Wie rote Teufel fegen sie durch die Straßen der kleinen Stadt im Elztal. Bis zum Fasnachtsdienstag herrscht quasi der Ausnahmezustand. In Rottweil leitet am Montag »Punkt 8 Uhr« der große »Narrensprung« Rottweils höchsten Feiertag ein. Bennerrössle, Federahannes, Gschell und Biss, Fransenkleid und Schantle, Guller, der Lange Mann und der Bettelnarr formieren sich zum Narrensprung, einem Umzugsspektakel, das am Dienstag noch zweimal wiederholt wird. In anderen Regionen wird die Fasnet am Dienstag verbrannt und beim Kehraus in allen Gasthäusern kräftig um das Ende der »Fünften Jahreszeit« getrauert.
In allen Gasthäusern? Eine kleine Region am südlichen Schwarzwaldrand leistet sich ein besonderes Fasnachtsvergnügen: die »Buurefasnacht«. Während anderenorts wieder der Alltag regiert, erlebt man im Dreiländereck Deutschland-Frankreich-Schweiz eine scheinbar grenzenlose Fortsetzung närrischer Freuden. Traditionell findet hier am ersten Fastensonntag die »Buurefasnacht« statt. »Narriii-Narroo« und »Hoorig, hoorig isch die Katz« tönt es aus allen Gassen, vermengt mit den blechernen Klängen der zahlreichen »Guggenmusiken«, einem Import aus der nahen Schweiz. Fasnachtsnarren aus der gesamten Region und über die Grenzen hinaus treffen sich in Weil am Rhein und machen in einem mehrstündigen Umzug mit ihren prächtigen und farbenfrohen Kostümen und Masken dem Winter endgültig den Garaus. Am Sonntagabend leuchten auf den Höhen im Hochschwarzwald und im Markgräflerland riesige Feuer. Beim Scheibenschlagen werden glühende Holzscheiben wie Sonnenräder in die dunklen Täler geschlagen. Sie sollen alle bösen Geister bannen.

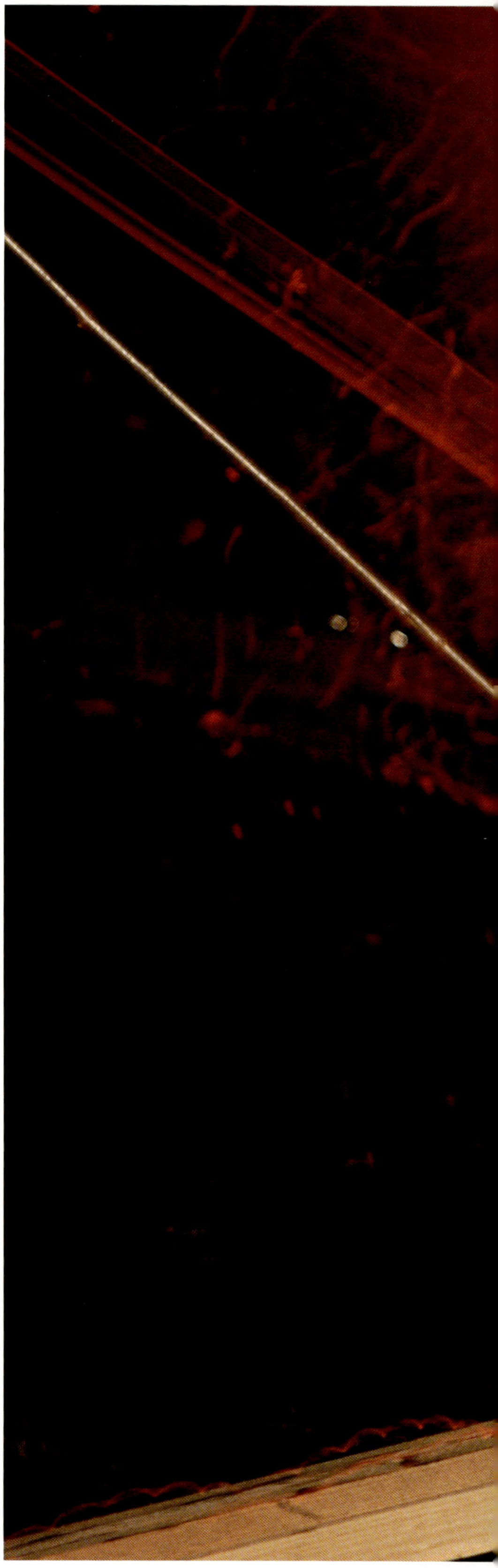

Links:
Beim Scheibenschlagen gilt der Scheibenspruch des Burschen oft dem Mädchen seines Herzens.

Oben:
Scheibenschlagen in Buchenbach: Den Brauch, bei dem brennende Holzscheiben mit Stangen talwärts geschleudert werden, gibt es noch im Breisgau, am Bodensee, im Allgäu und in Südtirol.

Kleine Bilder rechts, von oben nach unten: *Auf dem Narrenbrunnen in der Narren-Hochburg Elzach ist Fasnet das ganze Jahr über.*

Larvenwerkstatt in Elzach. Die traditionellen Fasnets-Larven sind seit Jahrhunderten aktuell.

Kunstwerke für sich sind die unterschiedlichen Masken und Fratzen der Elzacher Narren.

Narren sammeln sich am Fasnetssonntag in Elzach zu einem farbenprächtigen Umzug.

Oben:
Furchterregend sind die traditionellen Masken der alemannischen Fasnet, hier in Elzach, die immer noch von Hand geschnitzt werden.

Rechts:
Narrentreffen im »Narrenschopf«, dem Schwäbisch-Alemannischen Fastnachtsmuseum in Bad Dürrheim. Hier ist die Heimat von 400 lebensgroßen Narrenfiguren aus dem Südwesten Deutschlands und der Schweiz.

Ganz rechts:
Im Bonndorfer Barockschloss der Grafen von Mörsberg wurde ebenfalls ein Narrenmuseum eingerichtet.

Jede Narrenzunft hat ihre eigenen Masken, die Gesichter aus der regionalen Welt der Sagen und Legenden zeigen. Mit den Teufels-, Hexen- und Wildmanngesichtern kontrastieren die schalkhaften Masken der Weißnarren.

Die traditionellen Masken sind zumeist aus Lindenholz geschnitzt und werden zum sogenannten Häs getragen, einem Kostüm aus Stofffetzen, Fell oder Rupfen, das zumeist noch mit Glocken besetzt ist.

Oben:
Oberhepschingen liegt hoch über dem Talgrund des Wiesentals und bietet einen weiten Blick bis hinauf zum Feldberg. Dort entspringt die Wiese am Südwesthang des Seebucks und mündet unweit von Basel in den Rhein.

Rechts:
Im idyllischen Wiesental liegen die Erholungsorte wie Perlen im grünen Wald: Todtnau ist der größte von ihnen.

Oben:
Die kleineren Orte liegen im Wiesental relativ verstreut. In dem Dorf Hausen wurde der Dichter Johann Peter Hebel geboren, dem ein eigenes Museum gewidmet ist.

Links:
Circa 80 Kilometer folgt das in der letzten Eiszeit entstandene Tal dem Flusslauf der Wiese. Der Gletscher, der das Tal »aushobelte«, war bis zu 280 Meter breit.

Unten:
Handwerk aus Urgroßvaters Zeiten: Noch heute kann man im Schwarzwald einem Schmied über die Schulter schauen.

Ganz unten:
Manch andere Handwerke überdauern nur im Museum: ein Küfner im Museum Resenhof in Bernau.

Unten:
Im Wiesental werden die Körbe aus biegsamen Weideruten noch von Hand geflochten.

Ganz unten:
Ein Hafner führt im Museum Resenhof in Bernau die Kunst des Ofensetzens vor.

Unten:
Das Leben im Bernauer Hochtal wurde schon immer von der Holzverarbeitung geprägt: Das Handwerk des Schindelmachers ist heute jedoch fast vergessen.

Ganz unten:
Das Museum im Resenhof ist unter anderem dem »Holzschneflen« (= Holz bearbeiten) gewidmet: ein Spanschachtelmacher.

Links:
Die längste gedeckte Holzbrücke Europas (rund 200 Meter) überspannt den Rhein bei Bad Säckingen südlich des Fridolinsmünsters.

Links Mitte:
Breit erstreckt sich das Tal des Hochrheins bei Bad Säckingen. Hochrhein wird der längste Fluss Deutschlands von Stein am Rhein bis Basel genannt.

Links unten:
Schloss Beuggen. Der reizvolle ehemalige Sitz des Deutschen Ritterordens (von 1268 bis 1805) liegt mit seinem schönen Park direkt am Rhein.

Unten:
Die »Sauschwänzlebahn« verdankt ihren Namen der gewundenen Streckenführung. Auf einer Streckenlänge von 26 Kilometern legt die Wutachtalbahn mit zahlreichen Kurven nur zehn Kilometer Luftlinie zurück.

Seite 88/89:
Blick vom Belchen-Gipfel. Bei klarem Wetter kann man im Westen die tief liegende Rheinebene und Frankreich mit dem Elsass und den Vogesen, südlich den Schweizer Jura und sogar die schneebedeckten Alpengipfel entdecken.

Burg Rötteln, die größte mittelalterliche Burgruine Oberbadens, liegt nördlich von Lörrach. 1259 wurde sie erstmals urkundlich erwähnt und nach einer bewegten Geschichte 1678 von Franzosen zerstört.

Südöstlich von Lörrach liegt das Dorf Inzlingen mit dem Schloss Reichenstein, eine im 16. Jahrhundert umgestaltete Wasserburg.

Knackige Salate und Gemüse aus der Region um Lörrach auf dem Bauernmarkt. Die große Kreisstadt liegt am Ausgang des Wiesentals zwischen den Ausläufern des Südschwarzwaldes.

Das Vitra Design Museum in Weil am Rhein gehört zu den weltweit führenden Museen für Design. Es wurde 1989 in einem Gebäude des kalifornischen Architekten Frank O. Gehry eröffnet und widmet sich der Geschichte und den aktuellen Entwicklungen des industriellen Möbeldesigns.

Seite 92/93:
Mächtig überragt der Belchen mit seinen 1414 Metern Höhe die Burgruine von Staufen.

Oben:
Hier ist im Sommer gut Kirschen essen. In Obereggenen bei Schliengen wachsen sie, die dunkelroten Früchte.

Rechts:
Südlich von Freiburg liegt das Markgräflerland mit seinen weiten Rebflächen. Der bekannteste Wein der Region ist der Gutedel, der hier ideale Bedingungen für Wachstum und Reife findet. Das Bild zeigt die Ölbergkapelle von Ehrenstetten und im Hintergrund die Staufener Burg und den Ort Ballrechten.

Oben:
Die verschwenderische Kirschblütenpracht ziert im Frühjahr die Landschaft um Obereggenen, in destillierter Form erinnern die Früchte zur kalten Jahreszeit an die badische Sonne.

Links:
Das Markgräflerland, wie es schöner nicht sein könnte – der Blick geht über Ballrechten-Dottingen ins Rheintal. Im Hintergrund erhebt sich der Kaiserstuhl.

Unten:
Die heutige Pfarrkirche von St. Trudpert mit ihrem wuchtigen Zwiebelturm entstand ab 1715. Die weitgehend erhaltene barocke Klosteranlage stammt von dem berühmten Vorarlberger Baumeister Peter Thumb. Die Ursprünge gehen bis in die Jahre um 640 zurück, als der irisch-schottische Missionar Trudpert ins Münstertal kam, um die Alemannen zu missionieren.

Rechts oben:
St. Ulrich am Westhang des Schauinslands. Der später heilig gesprochene Ulrich gründete 1087 das Benediktinerkloster, das 1560 in den Besitz der Abtei St. Peter kam. Die heutige Klosterkirche wurde 1739 bis 1742 von Peter Thumb erbaut.

Rechts Mitte:
Das Trudpertsfest findet am letzten Sonntag im April statt. Ein kostbares, teils vergoldetes romanisches Vortragekreuz aus der Zeit um 1175 wird dann bei einer feierlichen Prozession gezeigt.

Rechts unten:
Alljährlich zu Fronleichnam werden wie hier in St. Ulrich in vielen Orten im Schwarzwald Blumenteppiche gelegt. Die ganze Gemeinde hilft mit, um diese farbenfrohen Teppiche entstehen zu lassen. Eine halbe Woche vor dem Fest werden die Blumen in Wald, Feld und Garten gepflückt und vorbereitet. Frühmorgens am Fronleichnamstag werden sie dann zu Bildern ausgelegt.

Oben:
Hauptsächlich Gutedeltrauben werden in der Umgebung von Fischingen angebaut. Der Ort liegt malerisch inmitten von Reben im Markgräflerland, das sich südlich von Freiburg zwischen Rheinebene und der Vorbergzone des Schwarzwalds erstreckt.

Rechts:
Die Wildtulpen blühen im Frühjahr auf den sanft zum Rhein abfallenden Hügeln des Markgräfler Landes, hier bei Weil.

Oben:
Bei Ehrenkirchen im Markgräfler Land. Der südwestliche, weinselige Zipfel des Schwarzwaldes liegt in unmittelbarer Nähe von Frankreich und der Schweiz. Mit ihrem Lössboden und dem milden Klima ist diese Gegend für den Weinbau besonders geeignet.

Links:
In der Nähe des Winzerdorfes Ballrechten-Dottingen, das zur Markgrafschaft zwischen Freiburg und Basel gehört. Eingebettet in die Bäderlandschaft von Badenweiler, Bad Bellingen und Bad Krozingen pflegt man hier badische Weinkultur.

Weinlese im Markgräflerland, der Heimat des Gutedels. Der Markgraf Karl Friedrich von Baden – der spätere Großherzog von Baden – brachte diese Rebe aus Vevey am Genfer See mit ins Markgräflerland. Seit 1870 ist sie hier zu Hause und macht über 40 Prozent des Rebsortenanbaus aus. Der Gutedel wird deshalb auch vielfach als »Markgräfler« bezeichnet. Diese Weine sind von zartem Aroma, mit einfachem und angenehmem Charakter und einer milden, aber dennoch anregenden Säure. Meist trocken ausgebaut ist der Gutedel ein sehr bekömmlicher Wein.

Unten:
Der Ehrenstetter Oelberg. Im Gewann »Alter Oelberg« sind die Rebgärten seit vielen Jahrhunderten in unverändertem Zustand.

Rechts oben:
Der Weinort Ehrenstetten liegt in Deutschlands wärmstem Anbaugebiet. Über dem Ort und den weiten Rebflächen liegt die Ölbergkapelle.

Rechts Mitte:
Altes Wegkreuz am Ehrenstetter Oelberg. Ehrenstetten gehört zu der Gemeinde Ehrenkirchen.

Rechts unten:
Zwischen Kirchberg und Höllhagen liegt der Winzerort Kirchhofen mit seiner barocken Wallfahrtskirche Mariä Himmelfahrt.

Stauferstädtchen Mahlberg: Die Burg war ein Reichslehen, das durch den Besuch des Stauferkaisers Friedrich II. im Jahr 1218 erstmals bestätigt wurde. 1630 erbaute der Markgraf von Baden ein barockes Schloss, das heute Wahrzeichen der Stadt ist.

Das einstige Zisterzienserkloster Tennenbach im Breisgau. Die Spitalkapelle ist der einzig erhaltene Rest der Klostergebäude. Die Gründung von 1161 hatte ein wechselvolles, hartes Schicksal: Im Bauernkrieg wurde sie bis auf die Kirche niedergebrannt, 1723 erneut zerstört, 1806 säkularisiert, 1829 wurde die Klosterkirche abgebrochen und in Freiburg als Ludwigskirche wieder aufgebaut, dort wurde sie im Zweiten Weltkrieg zerstört.

Blick ins Simonswälder Tal, in dem die Wildgutach fließt. Hier zeigt sich die Schwarzwaldlandschaft von ihrer schönsten Seite. Die Bezeichnung des Tals stammt vielleicht von einem frühen alemannischen Siedler mit Namen »Sigmanswald«.

Zahlreiche schöne Wohnhäuser aus dem 17. und 18. Jahrhundert findet man in der Altstadt von Kenzingen. Der Weinort verfügt über drei Lagen: »Kenzinger Hummelberg«, »Hecklinger Schlossberg« und »Bombacher Sommerhalde«.

Links oben und Mitte:
Frisch vom Acker auf den Tisch – kein Problem in der Ortenau. Hier ist das Angebot der Direktvermarkter groß. Obst und Gemüse werden nur wenige Stunden vor dem Verkauf auf dem Feld geerntet, zum Beispiel Meerrettich (oben) und anderes gesundes »Grünzeug« (Mitte).

Links unten:
Weiße Ware für Freiburg. Wenig später liegt der frisch gestochene Spargel schon im Angebot des Freiburger Bauernmarktes.

Unten:
Gengenbach im Kinzigtal war mit seiner historischen Altstadt schon häufig Drehort für bekannte Filme und Serien, wie die »Schwarzwaldklinik«. Von links nach rechts: Kirche St. Marien, Jakobuskapelle, Kinzigtor.

Tannenwälder, Thermalquellen und Themenstrassen – nördlicher Schwarzwald

Von der Hornisgrinde (1164 Meter), dem höchsten Berg des Nordschwarzwaldes, kann man einen wunderbaren Blick in die Rheinebene bis nach Straßburg und bei guter Fernsicht bis zu den Alpen genießen. In der kalten Jahreszeit sorgt eine Inversionswetterlage oftmals tagelang für Sonne pur und einen weiten Blick über das Nebelmeer.

Im nördlichen Schwarzwald verzaubern oftmals, vor allem in der kalten Jahreszeit, typische »romantische« Natur- und Wetterstimmungen die Landschaft. Während die Täler unter einer dichten Nebeldecke schlummern, scheint auf den Höhen die Sonne verschwenderisch. Eine atemberaubende Fernsicht, weit über das Rheintal bis zu den Vogesen, gewährt dann zum Beispiel die Hornisgrinde, mit 1164 Metern der höchste Berg der Region. Malerische Karseen, wie der sagenumwobene Mummelsee, glänzen in den tiefen Tannenwäldern.

Diese Landschaft ist ein wahres Wanderparadies. Wer Pferdestärken statt Schusters Rappen bevorzugt, der hat die Wahl zwischen etlichen Themenstraßen. Die Schwarzwald-Hochstraße führt vom mondänen Baden-Baden mit seinem Festspielhaus, den Thermalquellen und der weltberühmten Spielbank über einen aussichtsreichen Höhenkamm nach Freudenstadt, der Stadt mit dem größten Marktplatz Deutschlands. Die Schwarzwald-Bäderstraße verbindet Pforzheim und Freudenstadt, die Nagold mit den Badener Weinbergen und bietet Thermalkuren plus Kunst und Kultur. Die Schwarzwald-Tälerstraße führt von Rastatt bis zum ehemaligen Benediktinerkloster in Alpirsbach. Spargelfreunde finden entlang der Badischen Spargelstraße frühsommerliche Genüsse.

Zu den schönsten Schwarzwaldtälern gehört das Glottertal, berühmt aus der Fernsehsendung »Die Schwarzwaldklinik«. Im Gutachtal ist die bekannte Tracht mit dem Bollenhut zuhause, in Triberg rauschen die höchsten Wasserfälle Deutschlands. Für das Uhrenmuseum in Furtwangen sollte man sich ruhig Zeit nehmen. Ebenso für die berühmte badische Küche und den hervorragenden Wein. Im nördlichen Schwarzwald befinden sich nämlich außergewöhnlich viele Sterne-Restaurants.

Unten:
Der Mummelsee ist der größte und höchstgelegene (1017 Meter) der insgesamt acht Karseen im Schwarzwald. Sie entstanden am Ende der Würm-Eiszeit vor 10 000 Jahren. Zahlreiche Märchen und Mythen umranken den See der »Mummeln«, der scheuen Wasserweibchen.

Rechts oben:
Der Schliffkopf gehört zu den am meisten vom Orkan »Lothar« im Jahr 1999 betroffenen Gebieten. Inmitten des Chaos drängt schon wieder das Neue tapfer ans Licht.

Rechts Mitte:
Tiefe Tannenwälder mit ihren dunkelgrünen, dichten Kronen – das ist der Schwarzwald. Während die flach wurzelnden Fichten zu den Hauptopfern von Stürmen zählen, ist die Tanne mit einer starken senkrechten Pfahlwurzel fest im Boden verankert.

Rechts unten:
Die klassischen, geschlossenen »Tannenzapfen«, die wir am Boden sammeln, sind in Wirklichkeit Fichtenzapfen. Die Tannenzapfen werfen die Samen noch auf dem Baum ab, nur die Spindeln fallen zu Boden.

Sonne

Seite 112/113:
Der Marktplatz von Schiltach. Das Herz der Stadt entstand in seiner heutigen Form nach dem letzten großen Stadtbrand im Jahre 1791. Die dicht an dicht gereihten Fachwerkhäuser schaffen ein malerisches Bild der Geschlossenheit.

Hornberg liegt wunderbar von Wäldern und Bergen umgeben im Schwarzwald. Der Ortskern, hier das Rathaus, lädt mit seinen Geschäften und Wirtschaften zum Verweilen ein. Bekannt wurde er auch durch das sprichwörtliche „Hornberger Schießen“ – bei dem nach viel Getöse nichts herauskommt.

Der Ritter von Gengenbach. Das stolze Symbol der Reichsunmittelbarkeit auf dem Brunnen des Marktplatzes hält in der Rechten die Rolle der Stadtprivilegien, in der Linken ein Schild mit dem Gengenbacher Wappen.

Oben:
Die mittelalterliche Innenstadt von Schiltach im Kinzigtal steht komplett unter Denkmalschutz. Es finden sich hier Fachwerkhäuser aus dem 16. bis 19. Jahrhundert in seltener Geschlossenheit.

Links:
Wolfach im Kinzigtal ist bekannt durch seine Flößerei – bis ins 19. Jahrhundert war hier das Zentrum der Kinzigflößerei. Der Reichtum der Stadt geht auf das blühende Geschäft mit dem Holzhandel zurück, der bereits auf die Zeit um 1470 nachgewiesen ist. Heute findet alle zwei Jahre ein großes Floßhafenfest statt, bei dem auch wieder Flöße auf der Kinzig fahren. Zur Feier des europäischen Flößertreffens 1994 wurde ein Flößermuseum eingerichtet.

Oben:
Das Kloster Alpirsbach gehört zu den südwestdeutschen Reformklöstern des 11. Jahrhunderts. Im Jahr 1095 wurde es durch die drei Grafen Adalbert von Zollern, Ruodman von Hausen und Alwig von Sulz gegründet. Der Kreuzgang ist in seiner heutigen Form aus spätgotischer Zeit erhalten.

Rechts:
Die romanische Kirche des ehemaligen Klosters Alpirsbach, eine dreischiffige, siebenjochige Säulenbasilika in Form eines Kreuzes, ist heute evangelische Pfarrkirche.

Links:
Das Kloster Allerheiligen wurde um 1196 gegründet. Die Prämonstratenserprobstei war über 600 Jahre kulturelles Zentrum der Region. Trotzdem war sie schon wenige Jahrzehnte nach der Säkularisation im 19. Jahrhundert zerstört.

Unten:
Fast versteckt zwischen den hohen Wipfeln der Tannen liegen die Überreste des einstmals mächtigen Klosters Allerheiligen im Oberen Lierbachtal.

Links:
Selten geworden: ein noch strohgedeckter Schwarzwaldhof. Im Freilichtmuseum Vogtsbauernhof (Gutach) sind charakteristische Höfe aus dem 16. und 17. Jahrhundert zu sehen.

Oben:
Longinuskreuz an der Stallwand des Hippenseppenhofes im Freilichtmuseum Vogtsbauernhof (Gutach). Der römische Legionär Longinus, der Christus die seitliche Lanzenwunde zufügte, ist in einer Uniform des 18. Jahrhunderts abgebildet.

Vom Schwarzwald in die Welt – Kuckucksuhren und mehr

Es muss so gegen Ende des 17. Jahrhunderts gewesen sein, als ein Schwarzwälder Glasträger eine böhmische Holzuhr von einer seiner weiten Reisen mit in die Heimat brachte. Mit dieser erhielt eine neue Zeit Einzug in die abgelegensten Schwarzwaldgehöfte. Bis dahin hatten die Schwarzwaldbauern nach dem Stand von Sonne und Mond gelebt. Dieses hölzerne Räderwerk war nun imstande den Tag einzuteilen. Zunächst nur in Viertelstunden, denn für die Anzeige von Minuten oder gar Sekunden waren die Holzräder noch nicht fein genug. Das sollte sich bald ändern. Schließlich war Holz hier der wichtigste Werkstoff und in den langen Wintermonaten entstand jene feinmechanische Handwerkskunst, die Sammler oder Besucher des Uhrenmuseums in Furtwangen heute noch bewundern. Der Siegeszug der Schwarzwalduhr wurde aus der Not geboren. Traditionell erbte der jüngste Sohn den Hof, da er vermutlich am längsten lebte, um die Eltern zu versorgen. Die Geschwister mussten sehen, wo sie blieben. Die Schwarzwalduhr wurde »Arbeitgeber« und zum Retter der Region.

Neue Produktionszweige entstanden, zum Beispiel die Schildermalerei. Die große 24-Stunden-Uhr mit Holzlackschild und Schlagwerk war der Exportschlager der Uhrmacherei im Schwarzwald. Neue Handelszweige entstanden: Uhrenträger schleppten auf Holzgestellen ganze Uhrensortimente bis in die Hansestädte, nach Holland und bis weit nach Frankreich. Von dort ging es in die ganze Welt. Schwarzwalduhren tickten in St. Petersburg und am Hof des Kaisers von China.

Mit der handwerklichen Perfektionierung ging die Verschönerung der Uhren und ihrer Läutewerke einher: vom einfachen Feldstein bis zu gegossenen Gewichten in Tannenzapfenform, vom lauten Klang der Glocke bis zum melodischen »Kuckuck«, vom bemalten Holzschild bis zum typischen »Bahnhäusle« der weltberühmten Schwarzwälder Kuckucksuhr. Das »Bahnhäusle« geht auf die typischen Bahnwärterhäuschen der Badischen Staatsbahn um 1840 zurück. Übrigens sollte eigentlich ein Hahn die volle Stunde verkünden. Aber die an die Konstruktion der Orgelpfeifen angelehnten kleinen Blasebalge aus Ziegenleder brachten nur den Ruf des Kuckucks hervor. Die langen Winter ließen den Schwarzwälder Uhrenbauern viel Spielraum zum Experimentieren. Die Fantasie brachte ein ganzes Panoptikum von Figurenuhren hervor: Knödelesseruhren, »Augenzappler« – da ließen Löwen die Augen rollen – und bei anderen Uhren traten Schildwachen zur vollen Stunde an. Meister ihrer Zunft vereinten Uhrwerk, Musikwerk und bewegliche Figuren zu einem tickenden Gesamtkunstwerk.

Von Mythen umranktes Handwerk

Ein Handwerk, um das sich viele Mythen und Märchen des Schwarzwaldes ranken, ist die Glasbläserei. Häufig taucht das Motiv des Glasberges auf, ein Berg, der mit magischen Mitteln geöffnet werden muss, um ihm sein Geheimnis zu entreißen oder um in die Geisterwelt zu gelangen. Eine Variante ist das wagemutige Mägdelein, das »sich den kleinen Finger abschnitt und in den Glasberg steckte«. So öffnete sie den Berg und erlöste ihre darin gefangenen Brüder. Die Kunst, Glas zu schmelzen, erreichte im Hochmittelalter den mitteleuropäischen Raum. Im Schwarzwald, der damals noch vielfach aus Laubwäldern bestand, hatte alles, was die Glasmacher brauchten, sein natürliches Vorkommen: Hainbuchen für die Herstellung von Pottasche und zur Feuerung der Öfen. Die Bäche der Granit- und Buntsandsteingebiete lieferten den Quarzsand. Bereits im 12. Jahrhundert wurden die ersten Hütten urkundlich erwähnt. Im 19. Jahrhundert gerieten die Waldglashütten in eine wirtschaftliche Krise. Die Eisenbahn wurde entwickelt und auf einmal spielte der Faktor Zeit eine entscheidende Rolle. Die Waldglashütten lagen zu weit von den neuen Verkehrsadern entfernt. Für viele Schwarzwälder Familien begann eine Zeit der Armut und Not. Der Wald erhielt allerdings eine Atempause und durch Aufforstung mit schnell wachsenden, anspruchslosen Fichten sein uns bekanntes schwarzes Gesicht.

Links: *Furtwangen beherbergt mit dem Deutschen Uhrenmuseum die landesweit größte Sammlung von Zeitmessinstrumenten: mehr als 9000 Objekte.*

Oben: *Ein Beruf mit Seltenheitswert: Uhrenschildermaler Alois Straub in Linach.*

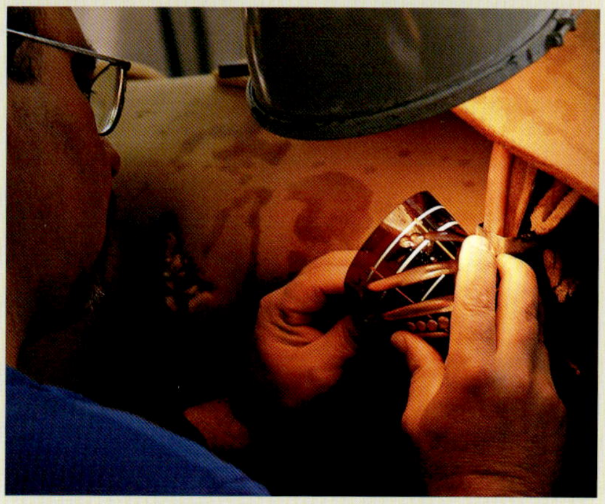

Kleine Bilder rechts, von oben nach unten: *Das Deutsche Uhrenmuseum zeigt Sammlerstücke und Raritäten von den ersten Holzräderuhren über den Exportschlager der Kuckucksuhr bis zur Atomuhr.*

Beim ersten Hahnenschrei: erstmal eine gute Tasse Kaffee. Ganz stilecht aus den Tassen mit Hahn und Henne, die in Zell am Harmersbach hergestellt werden.

Bei exakt 1450 Grad wird die Mischung aus Quarzsand, Pottasche und Bleimennige zu einer glühenden, flüssigen Glasmasse verwandelt.

Nach der Gravur ist ein weiteres Stück »gehobene Tischkultur« aus Wolfach einsatzbereit.

Der Bollenhut und die Schwarzwälder Kirschtorte sind zum Symbol des Schwarzwaldes geworden. Nach alter Tradition tragen unverheiratete Frauen über einer Tüllhaube den roten Bollenhut. Die verheirateten Frauen hingegen die schwarzen Bollen.

Berühmt wurde der Bollenhut durch den romantisierenden Maler Wilhelm Hasemann und den Berliner Komponisten Leon Jessel, der in seiner Operette »Das Schwarzwaldmädel« selbiges nie ohne Bollenhut auftreten ließ.

Oben:
Landschaft bei Biberach. »Biberaha« (bi = zwei, aha = Wasser), die älteste überlieferte Schreibweise des Ortsnamens, könnte so erklärt werden: Ort an zwei Wasserläufen. Nämlich an der Kinzig und am Erlenbach.

Links:
Landelinus-Prozession in Ettenheim. Bei hochsommerlichen Temperaturen erhalten auch die Pferde den Segen der Kirche.

Unten:
Erzeuger und Winzergenossenschaften stellen im Badischen Weingebiet auch Sekt her. Eine explosive Kostprobe gibt es in einem Weinkeller von Durbach.

Rechts oben:
In einem Weingut in Kappelrodeck entstehen charaktervolle und individuell ausgebaute Weine.

Rechts Mitte:
Die markgräflichen Weine der Lage »Schloss Staufenberg« bei Durbach werden im Weinkeller verkostet.

Rechts unten:
Neben dem Wein findet man im Schwarzwald auch Spitzenbrände aus der eigenen Hausbrennerei.

Weithin sichtbar: Schloss Ortenberg. Das Wahrzeichen der Ortenau liegt am Eingang des Kinzigtales, unweit von Offenburg. Die Hauptgebäude des Schlosses wurden im englischen Stil im 19. Jahrhundert errichtet.

Schon 1391 wird erstmals Weinbau in Durbach urkundlich erwähnt. Das Durbachtal, in Ostwestrichtung zwischen Schwarzwald und Vogesen gelegen, ist geschützt und als Südlage »von der Sonne verwöhnt«.

Offenburg – das Tor zum Schwarzwald. Die Gründung der Zähringer schmückt sich mit etlichen schönen Barockgebäuden und ist Zentrum der Ortenau.

Wahrzeichen des Ortes Kappelrodeck ist das Schloss Rodeck, ein Neorenaissancebau des ausgehenden 19. Jahrhunderts.

Links:
Blick über das Bäderviertel auf die Stiftskirche, das älteste Bauwerk der Altstadt Baden-Badens. Die in ihren Ursprüngen romanische Basilika ist die erste Pfarrkirche des international bekannten Kurortes.

Links Mitte:
Die Badener verdanken der Spielleidenschaft ihrer Kurgäste einiges, zum Beispiel das Theater. Der Spielbankpächter Edouard Bénazet ließ es zwischen 1860 und 1862 nach dem Vorbild der Pariser Oper errichten.

Links unten:
Das Alte Dampfbad ist heute Sitz des Baden-Badener Kunstvereins. »Das Gold von Baden-Baden« sind die heißen Quellen im Untergrund.

Unten:
Die Stadt an der Oos. Im Mittelpunkt Baden-Badens erhebt sich die evangelische Kirche, eine im neogotischen Stil errichtete dreischiffige Hallenkirche aus hellem Sandstein. Zwischen 1830 und 1870, in der Belle Epoque Baden-Badens, hatte die Kurstadt Kultstatus bei altem Adel und neuem Geld.

Oben:
Mächtig ragen die beiden Türme der Klosterruine Frauenalb im oberen Albtal aus dem Wald. Albrecht von Zimmern gelobte im Jahr 1134 eine Kirche zu bauen. Später wurde das Kloster gegründet und nach einer wechselvollen Geschichte 1803 aufgehoben. Nach profanen Nutzungen und mehreren Bränden war die Anlage dann 1853 endgültig eine Ruine.

Rechts:
Zu einer schönsten Bahnstrecken in Deutschland zählt Murgtalbahn. Besonders wildromantisch ist der Abschnitt zwischen Weisenbach und Schönmünzach. Vom ersten Spatenstich 1868 dauerte es 60 Jahre bis man die Strecke komplett befahren konnte.

Oben:
Das Tal der Murg, des zweitlängsten Flusses des Nordschwarzwaldes bei Bermersbach. Bereits ab dem 11. Jahrhundert wurde das obere Murgtal vom Kloster Hirsau aus besiedelt.

Links:
Die Forbacher Murgbrücke ist eine überdachte und freitragende Holzbrücke aus dem Jahre 1778. In Forbach hatten die badischen Murgschiffer viel Waldbesitz.

Links oben:
Das Lustschloss Favorite wurde 1710 bis 1714 von dem böhmischen Baumeister M. L. Rohrer für die Markgräfin Sibylla Augusta erbaut.

Links Mitte:
Die mittelalterliche Burg von Berneck, nordöstlich von Altensteig, liegt hoch über dem Tal der Nagold.

Links unten:
Das ehemalige Benediktinerinnenkloster Frauenalb wurde bereits um 1185 gegründet. Im Laufe der Jahrhunderte wurde es mehrfach zerstört und

wieder aufgebaut. Nach der Säkularisierung diente es als Lazarett und seit 1819 als Fabrik. Heute ist es nur noch eine romantische Ruine.

Unten:
Auf einem Bergrücken über der Nagold liegt das malerische Städtchen Altensteig, das wohl in der zweiten Hälfte des 14. Jahrhunderts gegründet wurde und noch teilweise aus dem Mittelalter stammende giebelständige Häuser besitzt.

Register

Wissembourg
KARLSRUHE
Rhein
Ettlingen
Durmersheim
Bietigheim
Murg
Malsch
Keltern
PFORZHEIM
Enz
Neckar
Rastatt
Schloss Favorite
Marxzell
Neuenbürg
Haguenau
Iffezheim
Kuppenheim
Besucherbergwerk Frischglück
STUTTGART
Gaggenau
Bad Herrenalb
Leonberg
Caracalla-Therme
Stauferburg
Bad Liebenzell
Baden-Baden
Gernsbach
Schloss Eberstein
Bad Wildbad
Lichtenau
Ruine Yburg
Bühl
Bühlertal
Hohloh 984m
Calw
Sindelfingen
Böblingen
Ottersweier
Ruine Altwindeck
Forbach
Enzklösterle
Bergwerk Neubulach
Nagold
Schwarzenbach-Stausee
Achern
Wildberg
Hornisgrinde 1164m
STRASBOURG
Renchen
Kappel-rodeck
Mummelsee
Seewald
Altensteig
Burg Berneck
Herrenberg
Kehl
Nagold-talsperre
Appenweier
Oberkirch
Schliffkopf 1055m
Erzgrube
Nagold
Kloster-reichenbach
Pfalzgrafen-weiler
Schloss Staufenberg
Tübingen
Baiersbronn
FRANKREICH
Offenburg
Schloss Ortenburg
Oppenau
Freudenstadt
Dornstetten
Rottenburg am Neckar
Kinzig
-Griesbach
Bad Rippoldsau-
Horb am Neckar
Gengen-bach
Bad Peterstal-
Loßburg
Friesenheim
Ruine Hohen-geroldseck
Zell am Harmersbach
-Schapbach
Wolfach
Lahr
Brandenkopf 945m
Alpirsbach
Dornhan
Wasserschloss Glatt
Sulz am Neckar
Dorotheenhütte
Hausach
Wolfach
Schiltach
Europa-Park
Etten-heim
Schuttertal
Haslach im Kinzigtal
Oberndorf am Neckar
Balingen
Freilichtmuseum Vogtsbauernhof
Park mit allen Sinnen
Herbolzheim
Schweig-hausen
Hornberg
Schramberg
Ruine Kirnburg
Freiamt
Gutach
Tennen-bronn
Dunningen
Elzach
Rottweil
Endingen
Teningen
Emmen-dingen
Schonach
Triberg
Königsfeld
Elz
Kaiserstuhl 557m
Ruine Hochburg
Waldkirch
Triberger Wasserfälle
St. Georgen
DEUTSCHLAND
Denzlingen
Brend 1148m
Schönwald
Villingen-
Uhrenmuseum
-Schwenningen
Bötzingen
Kandel 1242m
Breisach
Gundelfingen
Glottertal
Furtwangen
Donau
Hexenlochmühle
FREIBURG
Münster
St. Peter
St. Märgen
Breg
Bad Dürrheim
Ebnet
Stegen
Hammereisenbad-Bregenbach
Brigach
Schallstadt
Kirchzarten
Tuttlingen
Höllen-talbahn
Ravenna-schlucht
Donaueschingen
Ehrenkirchen
Bad Krozingen
Schauinsland 1284m
St. Ulrich
-Neustadt
Hüfingen
Hinterzarten
Staufen im Breisgau
Steinwasen-Park
Feldberg 1493m
Titisee-
Titisee
Löffingen
Museumsbergwerk Finstergrund
Lenzkirch
Münstertal
Wutachschlucht
Belchen 1414m
Neuenburg
Müllheim
Todtnau
Blumberg
Schluchsee
Bonndorf
Schluchsee
Sauschwänzlebahn
Blauen 1165m
Schliengen
Schönau
Museum Hüsli
St. Blasien
Schloss Bürgeln
Stühlingen
Wiese
Todtmoos
Singen
Kandern
Tegernau
Schwarza
Efringen-Kirchen
Zell im Wiesental
Wutach
Schaffhausen
Bodensee
Steinen
Schopfheim
Bannholz
Konstanz
Burg Rötteln
Erdmanns-höhle
Wehr
Lörrach
Waldshut-
-Tiengen
Klettgau
Weil
Albbruck
Rheinfelden
Laufenburg
Rhein
Bad Säckingen
BASEL
Grenzach-Wyhlen
SCHWEIZ
Rheinau
Ortenau
Breisgau
Markgräfler Land
Schwarzwald
Hochschwarzwald
Hotzenwald

Der Holzhandel und die Flößerei waren bis ins 19. Jahrhundert eine der wichtigsten Einkommensquellen im Schwarzwald. Heute kann man in verschiedenen Orten noch sehen, wie schwierig und gefährlich es war, die Baumstämme durch schmale Bäche und Flüsschen zu steuern – hier auf der Enz bei Neuenbürg.

Impressum

Buchgestaltung
www.hoyerdesign.de

Karte
Fischer Kartografie, Aichach

Printed in Germany
Repro: Artilitho snc, Lavis-Trento, Italien
www.artilitho.com
Druck und Verarbeitung: Offizin Andersen Nexö, Leipzig

ISBN 978-3-8003-4083-5

Bildnachweis
Alle Bilder von Martin Schulte-Kellinghaus und Erich Spiegelhalter mit Ausnahme von:
Brigitte Merz: S. 28/29, S. 31 oben links, S. 33 rechts Mitte, S. 33 Rechts unten, S. 36 (3 Abb.).
Petra Krause: S. 32 oben (2 Abb.).